Alexander Christ

SCHWARZWALD

MIRA

Inhalt

Landschaft von unvergänglichem Reiz

Als vor etwa 100 Millionen Jahren der afrikanische Kontinent nach Norden driftete, stieß er mit der Eurasischen Platte zusammen. Der Aufprall war so stark, dass riesige Felsmassen emporgehoben wurden. Die mächtigen Alpen und ein zusammenhängendes Gebirge nördlich davon wurden aufgefaltet. Im Laufe weiterer Jahrmillionen brach der in der Mitte dieses Gebirges liegende Oberrheingraben ein, der »wilde Fluss der Alpen« suchte und fand seinen Weg nach Norden. Er schuf das breite und fruchtbare Rheintal, an dessen südlichem Teil sich heute die Höhenzüge des Schwarzwalds und der Vogesen erstrecken.

Die gewaltigen Erdbewegungen des Tertiärs, begleitet von heftiger vulkanischer Tätigkeit, ließen eine Landschaft entstehen, die gebirgig, rau, kalt und abweisend, aber auch sanft geschwungen, lieblich, heiter und anziehend sein kann. Das höchste, zugleich auch wärmste und sonnigste deutsche Mittelgebirge erstreckt sich von Karlsruhe im Norden bis zum Rheinknie bei Basel im Süden, vom Neckarland und der Schwäbischen Alb im Osten bis zur Oberrheinischen Tiefebene im Westen auf einer Länge von rund 160 Kilometern und einer Breite von etwa 60 Kilometern.

Der Schwarzwald wurde relativ spät erschlossen. Vor Christi Geburt fristeten hier ein paar Kelten ihr kärgliches Dasein. Dann entdeckten die Römer das Rheintal als ideale Wegstrecke, um ihre Legionen nordwärts voranzubringen. Mit den kulturell auf höchstem Niveau stehenden Römern belebten sich die Rheinebene und ihre Seitentäler. Siedlungen und Städte entstanden, Wein, Hirse und Spargel wurden angepflanzt. Auch die essbaren Kastanien brachten die Römer mit, was ihnen damals freilich nur als Schweinefutter diente. Erst später machten die kulinarisch begabten Badener aus den »Köschte« eine Delikatesse, die sich hervorragend mit dem Markgräfler Wein versteht.

Lange konnten sich die Römer allerdings ihrer Eroberungen am Rhein nicht erfreuen. Im 4. Jahrhundert n. Chr. drangen die grobschlächtigen Alemannen in das Gebiet ein. Sie hatten wenig Sinn für die römischen Schicki-Micki-Bäder, noch weniger für ihre befestigten Siedlungen und schlugen alles kurz und klein.

Für lange Zeit wurde es wieder still im schwarzen, wilden Wald, ehe mutige Mönche die Gegend erschlossen und lebensfähig machten.

Seebuckgipfel auf dem Feldberg

Im Bärental
Morgennebel zieht durch das Bärental bei Feldberg. Hier, im ältesten und größten Naturschutzgebiet Baden-Württembergs, erschließt sich dem Feriengast ein herrliches Wanderterrain mit unzähligen Möglichkeiten großer und kleiner Exkursionen.

Wetterbuche auf dem Schauinsland
Trotzig stemmt sich die Buche auf dem Schauinsland, dem 1283 Meter hohen Hausberg Freiburgs, Wind und Wetter entgegen.

Triberger Wasserfall
Winterlich erstarrt zeigt sich hier der Triberger Wasserfall. Fast gespenstische Ruhe herrscht an Deutschlands größtem Wasserfall, der im Sommer die Touristen in Massen anzieht. In sieben Kaskaden stürzt die Gutach 162 Meter in die Tiefe.

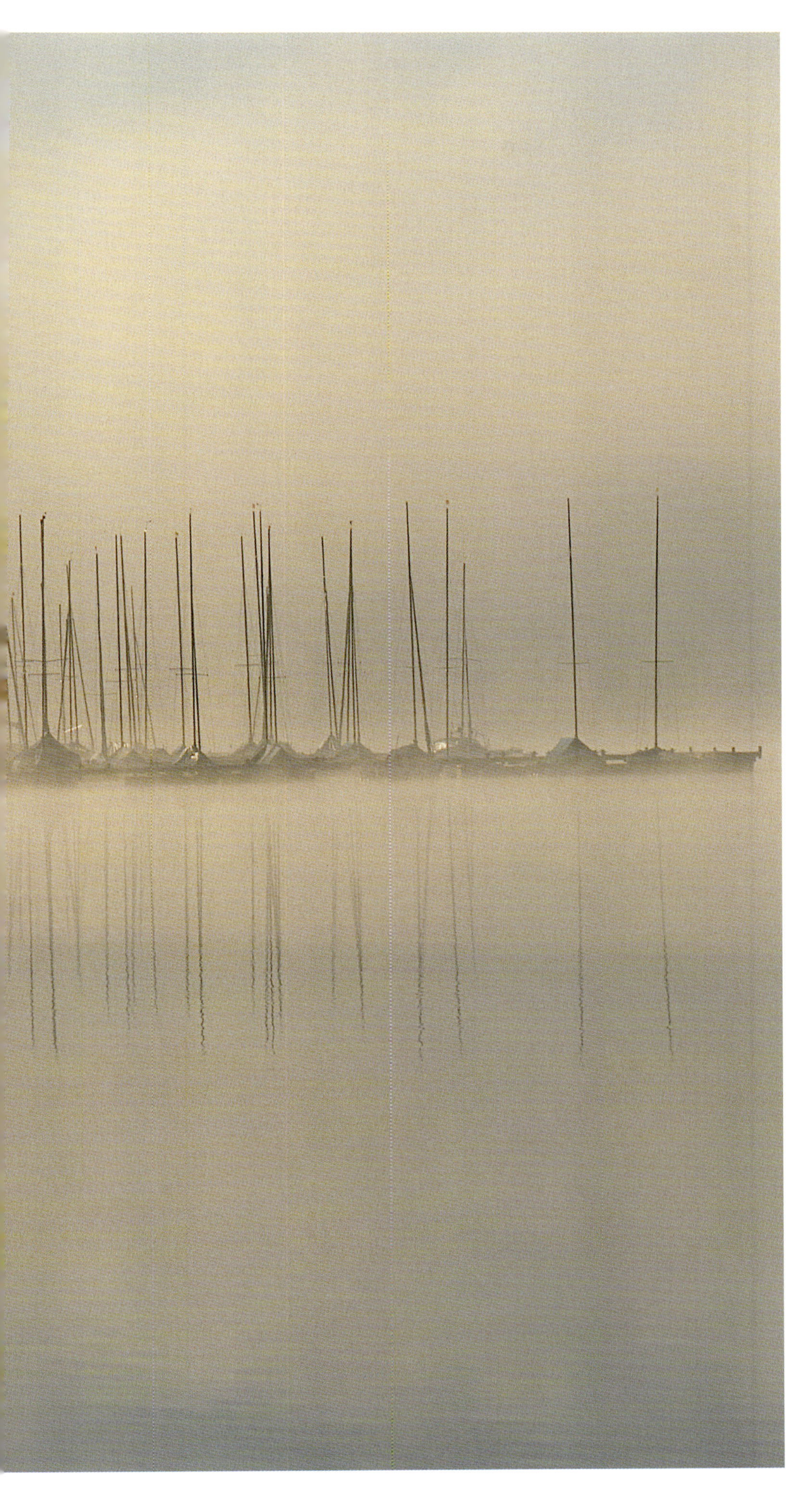

Am Schluchsee
Nebel hüllt den Schluchsee in ein mystisches Licht. Nur schemenhaft sind die Masten der Segelboote zu erkennen. Doch bald wird die Sonne den Nebel besiegt haben und buntes Treiben belebt den See. Der Schluchsee war ursprünglich ein kleines Überbleibsel aus der Gletscherzeit des Feldbergs. Durch den Bau einer Staumauer erweiterte er sich zum größten See des Schwarzwalds. Schon 1562 gab es am Schluchsee eine erste »Badestube mit Weinausschank«.

Blick vom Belchen
Der 1414 Meter hohe Belchen gilt als der schönste Aussichtsberg im Schwarzwald. Bei guter Sicht reicht der Blick über den Hochschwarzwald hinüber zu den Schweizer Alpen und zum Montblanc. »Es ist wahr, daβ die erste Station von der Erde zum Himmel auf dem Belchen ist«, schwärmte schon der alemannische Dichter Johann Peter Hebel.

Der Feldsee am Feldberg
Das »dunkle Auge des Feldbergs« ist der tief in den Waldabhängen eingebettete Feldsee. Erreichen kann man dieses Kleinod des Hochschwarzwalds nur zu Fuß, sodass man hier noch eine unberührte Landschaft und eine Oase der Stille antrifft. Wer zwischen Auf- und Abstieg eine kleine Stärkung benötigt, kann im Raimartihof, oberhalb des Sees auf der sonnigen Bergwiese gelegen, eine zünftige badische Vesper zu sich nehmen.

Auf dem Brend

Ein wunderschöner Wintertag verzaubert den Gipfel des 1149 Meter hohen Brends in der Nähe von Schönwald. Hier, in unmittelbarer Nähe der Wasserscheide zwischen Donau und Rhein, führt der Westweg, eine der bekanntesten europäischen Fernwanderstrecken, vorbei. Der Wanderer kann vom Brendturm aus die herrliche Aussicht auf den mittleren Schwarzwald genießen und sich im Gipfelhaus der Naturfreunde stärken.

Die Donau bei Donaueschingen

Die Donau, der große europäische Strom, entspringt im Schwarzwald. Im Schlosspark zu Donaueschingen wird der Besucher zwar informiert, dass hier die Donauquelle »678 Meter über dem Meer und 2840 Kilometer vom Meer entfernt« sei, aber die alte Schulweisheit hat wohl eher Recht: »Brigach und Breg bringen die Donau zuweg'.« Tatsächlich dürfte hier, am Zusammenfluss der beiden kleinen Schwarzwaldflüsschen, der Geburtsort der geschichtsträchtigen Donau zu sehen sein.

Winter am Faller-Hof

In der Nähe des Neuecks bei Furtwangen liegt der romantische Faller-Hof in einer ausgesprochenen Bilderbuchlandschaft des Schwarzwalds. Hier ist der Drehort der Familiensaga »Die Fallers«, in der das Südwest-Fernsehen in mittlerweile über 180 Folgen das Leben einer Schwarzwälder Großfamilie zeigt und dafür unzählige Freunde und Fans gewonnen hat.

Auf der Hornisgrinde

Zu den bekanntesten Gipfeln des Schwarzwalds zählt die Hornisgrinde, an der viel befahrenen Schwarzwald-Hochstraße zwischen Baden-Baden und Freudenstadt gelegen. Die Hornisgrinde ist die höchste Erhebung des Nordschwarzwalds mit seinen ausgedehnten Buntsandsteinrücken. Wer besonders gut zu Fuß ist, kann von Pforzheim aus den berühmten Westweg, einen uralten Fernwanderweg, bis nach Basel gehen. Intensiver kann man den Schwarzwald nicht erleben! Unterwegs kommt der Wanderer an der Hornisgrinde vorbei. Nur eine halbe Wegstunde unterhalb des Gipfels liegt der sagenumwobene Mummelsee, wo die »Mümmlein«, die Nixen, hausen.

Frühlingswiese im Kinzigtal
Wenige Kilometer südlich von Freudenstadt liegt diese blumenübersäte Wiese oberhalb des Stausees der Kleinen Kinzig – Schwarzwaldidylle zum Verlieben!

O Schwarzwald, o Heimat…

Der Schwarzwald war schon immer mit einem gehörigen Hauch von Romantik umgeben. Da klappert die Mühle am rauschenden Bach, da tanzt und singt das Mädel aus dem schwarzen Walde durch Leon Jessels Operette, die Kuckucksuhr liebt man sogar im fernen Japan.

Nach unserem heutigen Empfinden schon fast sentimental klingen die Verse des Heimatdichters Ludwig Auerbach:

O Schwarzwald, o Heimat, wie bist du so schön!
Wie locken die Herzen die schwarzdunklen Höh'n
Zum fröhlichen Wandern in Hochsommerzeit,
Zum Rasten in heimlicher Einsamkeit,
Im traulichen Mühlgrund bei Quellengetön:
O Schwarzwald, o Heimat, wie bist du so schön!

Heimatliebe und Romantik stehen in einer gewissen Verbindung zueinander. In Gegenden, in denen die Landschaft und das Klima den Bewohnern besonders viel abverlangen, sind diese auch stärker mit ihrer Umgebung verwurzelt. Man denke nur an die langen und früher oftmals harten Winter, in denen die Menschen in den Höhenlagen des Schwarzwalds oft viele Tage lang keinen Fuß vor die Türe setzen konnten. Asphaltierte Straßen, die morgens pünktlich vom Räumdienst schneefrei gemacht werden, gab es nicht. Natürlich auch kein Auto. Kürzere Entfernungen mussten mit dem Pferdeschlitten oder mit Skiern überwunden werden. Meistens aber saß man in der Wohnstube und verbrachte die Zeit mit dem Erzählen von Geschichten oder mit handwerklichen Arbeiten. So entstanden zahlreiche Sagen und Legenden, aber auch eine beachtenswerte Volkskunst, die sich in besonders schönen Trachten, bemalten Bauernschränken oder auch kunstvoll geschnitzten Kuckucksuhren niederschlug.

Der Einheimische, dessen Vorfahren einen unentwegten Existenzkampf führen mussten, ist ein wenig misstrauisch und »eigen«. Mit ihm lassen sich die flotten Ideen moderner Touristikmanager nicht so einfach und schnell umsetzen. Da versteckt man sich doch lieber zunächst hinter der alten Weisheit: »Was neu ist, ist nicht gut, und was gut ist, ist nicht neu.« So finden wir noch heute im Schwarzwald Dörfer, die fast so aussehen, wie vor 100 Jahren auch.

Im Anblick der prächtigen Fachwerkhäuser oder der schmucken Höfe im Schindelkleid überkommen den Feriengast, der das Jahr über in Industriestädten, Platten- und Betonbauten leben muss, romantische Gefühle. Auch wenn manches zum Klischee abzudriften droht, ist es vielleicht gerade dieses Flair, das der Besucher nicht missen möchte.

Die Großjockenmühle in der Ravenna-Schlucht

Hexenlochmühle

Die Hexenlochmühle zwischen Furtwangen und Sankt Märgen ist der Inbegriff Schwarzwälder Mühlenromantik. Unzählige Male schon stand sie Modell für Fotografen aus aller Herren Länder. Die Mühle wurde 1825 als Sägemühle erbaut.

Die beiden Mühlräder, von denen das große stolze vier Meter Durchmesser aufweist, werden vom kleinen Heubach angetrieben. Heute werden in der viel besuchten Hexenlochmühle Kuckucksuhren, Krippen, Schwarzwälder Schinken und Edelbrände angeboten. Das ist weit lukrativer als das Sägen von Schwarzwälder Tannen und Fichten.

Schwarzwaldhof bei Schönwald

Bei fast allen traditionellen Haustypen des Schwarzwalds finden wir den sogenannten Herrgottswinkel. Ein Kruzifix, Heiligendarstellungen und Familienbilder zeugen von der tief verwurzelten christlichen Grundhaltung der Schwarzwaldbauern.

Bei den einst kargen Lebensbedingungen, den Launen der Natur mit Sturm, Regen, Schnee, Blitz und Donner, war es gut, sich auf den Beistand des Herrgotts verlassen zu können.

Schlittenhunderennen bei Todtmoos
Für den verwöhnten Gast muss ein moderner und lebendiger Ferienort heutzutage mehr bieten als nur den beschaulichen Spaziergang im romantischen Winterwald oder das Durchstreifen der Landschaft in Langlaufloipen. So haben sich in den letzten Jahren neue winterliche Sport- und Unterhaltungsformen entwickelt. Seit über 20 Jahren findet zum Beispiel in Todtmoos Ende Januar ein internationales Schlittenhunderennen statt. Die Kurverwaltung bietet dazu eine »Abenteuer-Pauschale mit Husky-Lehrgang, Lagerfeuerromantik und Husky-Diplom« an.

Winterweihnacht in Simonswald
Wer könnte sich dem romantischen Zauber dieser kleinen Kapelle mit dem erleuchteten Tannenbaum in winterlicher Landschaft entziehen?

Bollenhut aus dem Kinzigtal
Trachten sind ein Ausdruck tief empfundenen Heimatbewusstseins. Der bekannteste Trachtenbestandteil des Schwarzwalds ist zweifellos der Bollenhut, der in Wirklichkeit aber nur in den drei evangelischen Gemeinden Gutach, Reichenbach und Kirnbach, westlich von Schramberg gelegen, zu Hause ist. Auf ein Strohgeflecht werden kreuzweise angeordnet elf Wollkugeln aufgenäht. Unter dem Hut wird eine seidene Kappe mit einem Schleierchen getragen. Schon die kleinen Mädchen dürfen diese Kappe aufsetzen, während der Bollenhut selbst erst ab der Konfirmation aufgesetzt wird. Unverheiratete Mädchen tragen ihn mit roten Bollen, verheiratete Frauen mit schwarzen Bollen.

Trachtenfertigung in Gutach
In dieser kleinen Werkstatt in Gutach entstehen die berühmten Bollenhüte. Auch der »Schäppel«, eine kunstvolle, mit Glasperlen besetzte Krone, wird hier gefertigt. Der Schäppel ist auch in anderen Regionen des Schwarzwalds heimisch. Er wird bei Hochzeiten und bei kirchlichen Festen, wie Fronleichnam oder zum Erntedankfest, getragen.

Wohnstube aus der »guten alten Zeit«
Die Schwarzwälder Traditionen, Lebensweisen und Volkskünste werden in zahlreichen Museen lebendig gehalten. Unser Bild zeigt eine alte Wohnstube im Bauernhausmuseum in Calw-Altenburg.

KD
KD Köln-Düsseldorfer

Rheinschiff vor dem Breisacher Münster
Geologisch gesehen gehört Breisach, am Fuße des Kaiserstuhls und direkt am Rhein gelegen, nicht mehr zum Schwarzwald. Aber viele Schwarzwaldreisende lassen sich die Gelegenheit nicht entgehen, die geschichtsträchtige Stadt und die umliegenden Weinorte am Kaiserstuhl zu besuchen. Ganz besonders romantisch ist eine abendliche Fahrt mit einem Ausflugsschiff auf dem Rhein, wo man einen eindrucksvollen Blick auf das Münster Sankt Stephan aus dem 12. bis 15. Jahrhundert auf der einen Seite und die dunklen Schwarzwaldhöhen auf der anderen Seite genießen kann.

Altensteig an der Nagold

Ein äußerst malerisches Schwarzwaldstädtchen ist Altensteig, das sich steil gestaffelt an den Hang über der Nagold schmiegt. Durch winkelige Gassen, vorbei an prächtigen Fachwerkhäusern, geht es hinauf bis zur evangelischen Stadtkirche und zum alten und neuen Schloss. Eine Wehrmauer beschützt die Schlossanlage. Ihre beiden Türme hören auf die einprägsamen Namen »Himmel« und »Hölle«.

Schiltach an der Kinzig

Ein Schmuckkästchen der Fachwerkkunst ist Schiltach, die einstige Flößer- und Gerberstadt an der Kinzig. Die stattlichen Häuser zeugen von der Blütezeit der Stadt im 16. bis 19. Jahrhundert, als Holzhandel, Flößerei und Handwerk ein einträgliches Geschäft waren. Die bewegte Vergangenheit der Stadt kann man in vier interessanten Museen verfolgen.

Berneck

In der Nähe von Altensteig liegt auf einem Bergsporn über dem Kollbachtal das hübsche Städtchen Berneck. Besonders reizvoll ist die Oberstadt, die von der evangelischen Kirche und dem Schloss mit seiner markanten Wehrmauer eingerahmt wird. Diese 38 Meter hohe und 26 Meter breite Schildmauer aus dem 12. Jahrhundert stellt sich schützend vor das darunter liegende Städtchen.

Forbach im Murgtal
Ein Meisterwerk der Zimmermannskunst kann man an der Murg beim Luftkurort Forbach bestaunen. Die hölzerne Brücke überspannt seit 1776 mit 38 Meter Weite ohne Mittelstütze den Fluss. Sie zählt zu den schönsten überdachten Holzbrücken in Europa. Nach dem Zweiten Weltkrieg wurde sie baufällig, sodass man sie 1954 originalgetreu wieder aufbaute.

Altstadtidylle in Ettlingen

Hauptanziehungspunkt in Ettlingen ist zweifellos das prächtige Barockschloss, das Markgräfin Sibylla Augusta, die Witwe von Markgraf Ludwig Wilhelm von Baden, dem »Türkenlouis«, zwischen 1728 und 1733 erbauen ließ. Heimatlich-nostalgische Gefühle aber vermitteln viel eher die alten Gässchen und Winkel in der Stadt, wie hier am ehemaligen Albwehr. Im Hintergrund ragt der Turm des Rathauses mit seiner schönen Dachreiterlaterne auf.

In Gengenbach

Efeuumrankt und blumengeschmückt grüßt dieser romantische Winkel im schönen Städtchen Gengenbach. Nachdem die Franzosen den Ort im Jahr 1689 nahezu vollständig zerstört hatten, begann der Wiederaufbau nach den alten Plänen.

Herausragend im Stadtbild sind die vielen schönen Fachwerkhäuser und das klassizistische große Rathaus. »Eine Stadt, wie sie Spitzweg hätte erfinden können«, schrieb einst Franz Prinz von Sayn-Wittgenstein über das Schwarzwaldstädtchen.

Lebensraum Schwarzwald

Die Landwirtschaft und Holz verarbeitendes Gewerbe gaben den Menschen im Wald seit Jahrhunderten Arbeit und Brot. Später kamen die Glasmacher hinzu. Bis ins 19. Jahrhundert wurde der Erzbergbau intensiv betrieben. Er ist mittlerweile vollständig zum Erliegen gekommen. Dann folgte die hohe Zeit der Uhrenindustrie. Es gab Dörfer, in denen in jeder Familie zumindest ein Uhrmacher lebte. Heute kann man solche Dinge in Fernost billiger herstellen. Welche genialen Einfälle die Schwarzwälder Uhrmacher einmal hatten und welche staunenswerten Produkte sie fertigten, das kann der Interessierte in den Uhrenmuseen in Furtwangen und Schwenningen besichtigen.

Die Uhrenindustrie, die elektrotechnischen und feinmechanischen Betriebe sind mit der Zeit gegangen und haben sich dem Computer und der Elektronik zugewendet oder fertigen Spezialprodukte, die man anderswo nicht so einfach kopieren kann. Nicht alle Unternehmen haben allerdings den schwierigen Übergang erfolgreich geschafft. Manch klangvoller Name aus der Gründerzeit ist erloschen.

Die Großindustrie hat noch nie zum Schwarzwald gepasst. Deshalb sind die Unternehmen fast alle klein- oder mittelständig. Die »Fabrikle« stehen oft in unmittelbarer Nachbarschaft zur ländlich oder dörflich geprägten Umgebung. Getüftelt und mit feiner Präzision gearbeitet wird im Schwarzwald noch immer.

In weiten Gebieten, vor allem im Hochschwarzwald, beherrscht nach wie vor die Landwirtschaft das Bild. Das typische Schwarzwaldhaus begegnet dem Wanderer auf Schritt und Tritt. Fast könnte man meinen, diese Hausform besteht nur aus einem riesigen Walmdach, so tief reicht es zum Boden herab. Unter sich beschützt es alles, was zum Hof gehört: die Wohnräume der Bauersleute, die Stallungen für das Vieh, die Gerätschaften und Werkstatt, die Scheune. In der Regel liegt das Schwarzwaldhaus am Hang, sodass man von der Bergseite über eine Art Rampe direkt in den Dachboden einfahren und das Heu entladen kann.

Viele der reizvollen Kleinstädte des Schwarzwalds haben ihre nostalgische Ausstrahlung erhalten. Gepflegte Bürgerhäuser zeugen von solidem Handwerk und Handel. Auf den lebhaften Märkten werden die Erzeugnisse der Region feilgeboten. Cafés, Gasthöfe und Pensionen allerdings haben sich dem enorm gestiegenen Tourismus angepasst und beherrschen das Straßenbild.

Das Leben im Schwarzwald ist weit weniger beschwerlich und hart als noch vor 100 oder 200 Jahren. Die Technik hat so manche Arbeit erleichtert, vor allem aber die Entdeckung des Schwarzwalds als Ferienlandschaft hat große Vorteile gebracht.

Schwarzwaldhaus am Schluchsee

Kartoffelernte bei Bad Krozingen
Im Gegensatz zu den Höhenzügen des Schwarzwalds sind die Böden der Oberrheinebene recht fruchtbar. Dennoch ist auch hier der Alltag des Landwirts von harter Arbeit geprägt. Für die oft kleinen Felder lohnt der Einsatz von Erntemaschinen nicht, dann werden eben die Kartoffeln wie seit hunderten von Jahren mit der Hand aufgelesen.

Ostermarkt in Neubulach
Bis spät ins vorige Jahrhundert hinein waren die Vieh- und Krämermärkte für die ländlichen Gebiete von immenser Wichtigkeit. Hier konnte man alles einkaufen, was über die Grundversorgung hinausging. Markttage waren meistens auch Feiertage. Da hatte man Zeit, alles was man für Haus und Hof benötigte, zu erwerben, Informationen und Neuigkeiten auszutauschen und Kontakte zu knüpfen. Wenn auch die Bedeutung der Märkte durch die Mobilität unserer Gesellschaft nachgelassen hat, so erfreuen sie sich dennoch bis zum heutigen Tag großer Beliebtheit.

Wochenmarkt in Freiburg
Alles was in der Umgebung an Obst und Gemüse gedeiht, aber auch Früchte aus exotischen Ländern oder südländische Spezialitäten werden auf dem Wochenmarkt am Münsterplatz angeboten. Er ist ein Anziehungspunkt für Einheimische und Gäste.

Fußgängerzone in Todtnau

Das Stadtbild von Todtnau ist relativ modern. Das hat einen einfachen Grund: Ein Großbrand vernichtete 1876 nahezu den gesamten Ort, den man dann nach neuen Plänen wieder aufbaute. Todtnau ist als sommerlicher Luftkurort und als Wintersportort gleichermaßen beliebt. Die umliegenden Höhen in der Nähe des Feldbergs bieten unzählige Wanderrouten oder Langlaufloipen. Am Hasenhorn und am Fahler Loch findet man fast alpine Verhältnisse vor. 1891 wurde übrigens mit dem »Ski-Club Todtnau von 1891« der erste Skiclub in Deutschland gegründet.

Titisee

Aus dem beschaulichen Handwerkerdorf am wunderschön gelegenen See ist längst ein äußerst lebhafter Touristenort geworden. Hotels und Gasthöfe haben die schönsten Plätze am Ufer besetzt, an den geschäftigen Straßen drängen sich die Andenkenläden. An manchen Sommertagen hat der Ort Titisee einige Mühe, mit den Besuchermassen fertig zu werden.

Freilichtmuseum Vogtsbauernhof
Im Gutachtal, wo auch die berühmten Bollenhüte zu Hause sind, steht eines der schönsten und interessantesten Freilichtmuseen Deutschlands. Begonnen hat alles 1964, als ein 400 Jahre alter Schwarzwälder Bauernhof abgerissen werden sollte. Professor Hermann Schilli, ehemaliger Leiter der Freiburger Zimmermeisterschule, setzte sich für den Erhalt des Vogtsbauernhofs ein und ließ ihn auf einem vier Hektar großen Freigelände bei Gutach neu aufstellen und renovieren. Inzwischen sind sieben alte Schwarzwälder Haustypen auf dem Gelände aufgestellt worden. Sie geben einen hervorragenden Einblick in die alte bäuerliche Kultur im Schwarzwald. Hier kann man anschaulich beobachten, wie die Menschen im Wald vor einigen hundert Jahren gewohnt, gearbeitet und geschlafen haben. Zu den großen Höfen mit Scheune und Stallungen gesellen sich noch Backhäusle, Mühlen und Sägen – alles so getreu nachgebildet, dass der Besucher meint, 400 Jahre zurückversetzt in einem kleinen Schwarzwalddorf zu verweilen.

Von Uhrenträgern, Flößern und Schindelmachern

Wenn historisch gewandete Meister und Gesellen alte Schwarzwälder Handwerkskunst wieder aufleben lassen, so sieht der Feriengast mit nostalgisch verklärten Augen zu. Was heute eine willkommene und unterhaltsame Abwechslung im Urlaubsalltag ist, war früher jedoch härteste Arbeit am Rande des Existenzminimums.

Die Böden auf den Höhenlagen des Schwarzwalds gaben den Bauern nicht viel her, hinzu kamen die langen und entbehrungsreichen Winter. Auch in den Städten herrschte im 18. und 19. Jahrhundert alles andere als Wohlstand. So war man gezwungen, alle nur denkbaren Tätigkeiten auszuüben, die etwas Geld oder Essbares einbrachten. So wurde mancher Bauer im Winter zum Sackmacher, Hafner, Strohflechter, Holzschnitzer, Bürstenbinder, fertigte Spielzeug oder flocht Körbe.

All diese Waren mussten zum Käufer gebracht werden. Andererseits waren die hinterwäldlerischen Bauern darauf angewiesen, dass man ihnen die Dinge brachte, die sie nicht selbst herstellen konnten. Diese Dienstleistung übernahmen die Hausierer, die von Markt zu Markt, Dorf zu Dorf, von Hof zu Hof wanderten. Das in Operetten und Erzählungen oft gezeichnete Bild vom stets fröhlichen, kulturbringenden Wanderhändler trügt. In Wirklichkeit waren diese Leute meist bitter arm und mussten sich – wenn sie nicht genügend Verkaufserfolg hatten – auf mehr oder weniger aufdringliche Weise wenigstens ein Essen erbetteln.

Auf ähnliche Weise kam auch das bekannteste Synonym für Schwarzwälder Handwerkskunst, die Kuckucksuhr, zu den Käufern. 1738 vom Schönwalder Uhrmacher Franz Anton Ketterer erfunden, wurde die Kuckucksuhr bald zu einem ausgesprochenen Verkaufsschlager. Spezielle Uhrenträger zogen durch den Schwarzwald sowie in die angrenzenden Länder und boten die Erzeugnisse an. Dass sich darunter auch manch schwarzes Schaf befand, berichtet der schwäbische Chronist August Lämmle. So sollen Schwenninger Uhrenhändler, die Pfusch verkauften, sich stets schleunigst aus dem Staub gemacht haben, bevor das Uhrwerk stehen blieb.

Holz war über Jahrhunderte hinweg der wichtigste Rohstoff des Schwarzwalds. Aus ihm fertigte man alle nur erdenklichen Produkte, vom Kienspan zur spärlichen Beleuchtung der dunklen Wohnzimmer bis zu Schindeln für den ebenso praktischen wie wirksamen Wetterschutz am Haus. Eine überragende Stellung nahm der Export der mächtigen Tannenstämme nach Holland ein, wo sie als Schiffsmasten äußerst begehrt waren. Diese »Holländertannen« mussten über die Kinzig, Enz, Murg oder Nagold bis zum Neckar und Rhein und dann nach Holland geflößt werden, ein kräfteraubendes und gefährliches Unternehmen. Mit dem Bau der ersten Eisenbahnen fand die Flößerei Anfang des 19. Jahrhunderts ein jähes Ende.

Die »gute alte Zeit« im Schwarzwald, als noch die Mühle im Tal klapperte, wird durch historische Veranstaltungen, vor allem aber durch die vielen Heimatmuseen in der Erinnerung lebendig gehalten.

Historischer Uhrenträger aus Simonswald

Schindelmacher
Nur noch wenige Schindelmacher üben im Schwarzwald ihr traditionelles Handwerk aus. Moderne Baustoffe haben die altbewährten Schindeln verdrängt. Früher waren sie der ideale Wetter- und Klimaschutz und bedeckten Wände und Dach des Schwarzwaldhauses. Außerdem lag der Rohstoff Holz quasi vor der Türe. Gleichmäßig große und dünne Schindeln abzuspalten, verlangt eine gehörige Portion Geschick, auch wenn heute kleine Maschinen dabei behilflich sind.

Flößer auf der Nagold bei Altensteig
Holz war über Jahrhunderte hinweg die wirtschaftliche Grundlage für die Bewohner des Schwarzwalds. Die großen Tannenstämme waren vor allem bei der holländischen Flotte sehr begehrt, und zahlreiche Orte an Nagold, Kinzig, Enz oder Murg wurden durch die Flößerei reich. An die einträgliche, aber auch gefährliche Arbeit der Flößer erinnern alljährlich historisch nachgestellte Vorführungen.

Im Resenhof in Bernau
Die vielbesungene Spinnstubenromantik des Schwarzwalds kann man im Holzschnefler- und Bauernmuseum in Bernau nachempfinden. Im 1789 erbauten Resenhof kann der Besucher Einblick nehmen in das kleinbäuerliche Leben vor 200 Jahren und in die Arbeit der »Schnefler«, der traditionellen Holzhandwerker.
Und wer schon in Bernau ist, dem sei gleich noch der Besuch im Hans-Thoma-Museum empfohlen, wo 80 Originalgemälde des großen Sohnes der Gemeinde zu bewundern sind.

Strohschuhmacher in Hornberg
Auch hier wird altes Handwerk wieder lebendig. Noch vor rund 150 Jahren waren Web- und Flechtwaren aus Holz, Stroh oder Bast weit verbreitet. Man fertigte sie während der langen Wintermonate, aber auch »zum Zwecke der Armenbeschäftigung«.

Deutsches Uhrenmuseum in Furtwangen

Eine wundersame Reise durch die Zeit kann man im Deutschen Uhrenmuseum in Furtwangen unternehmen. 1850 wurde in Furtwangen die renommierte »Großherzoglich-Badische Uhrmacherschule« gegründet. Von Anfang an sammelte man hier Uhren aus dem gesamten Schwarzwald und darüber hinaus. 1975 konnte die umfangreiche Kienzle-Sammlung erworben werden. Auf 1400 Quadratmeter Fläche präsentiert sich heute eine äußerst eindrucksvolle Ausstellung zur Geschichte, Kunst und Technik rund um die Uhr und die Zeit.

Klöster, Burgen, Schlösser

Schon in vorchristlicher Zeit siedelten Kelten auf dem Gebiet des Schwarzwalds. Um die Zeitenwende ließen sich dann die Römer nieder. Sie alle beschränkten sich allerdings mehr oder weniger auf die Rheinebene und die leicht zugänglichen Seitentäler.

Die eigentliche Urbanisierung wurde durch die christlichen Mönche eingeleitet. Sie waren die ersten, die sich in die unwegsamen Urwaldgebiete vorwagten, um Lebensraum für sich und die Anhänger des neuen Glaubens zu schaffen. Die einfachen Klausen entwickelten sich bald zu größeren Klöstern. Fleiß und Geschick der Mönche ließen auch karge Böden fruchtbar werden, zumindest so weit, dass es für ein bescheidenes Dasein reichte. Bauern und Handwerker zogen zu.

Es war nun nur noch eine Frage der Zeit, bis sich Privilegierte und Adelige einfanden, eine befestigte Burg bauten und den Einwohnern den berüchtigten Zehnten abknöpften. Schließlich kosteten Rüstungen, Kettenhemden, Waffen, Pferde, Bedienstete und Wachpersonal enormes Geld, dafür aber gewährten die Burgherren den Mönchen und Bauern auch Schutz gegen feindliche Übergriffe.

Die Kassenlage verbesserten viele der Ritter, vor allem, wenn frequentierte Handelsstraßen nicht weit waren, durch regelmäßige und einträgliche Überfälle auf Durchreisende. Mittels Intrigen, Heirat und anderen Strategien gelang es einigen von ihnen, Macht und Besitz immer weiter auszudehnen. Damit man im Reich zeigen konnte, wer und was man ist, wurde ein repräsentativer Schlossbau obligatorisch.

Kunst und Kultur blühten auf, vom benachbarten Frankreich wehte das Flair der Leichtlebigkeit und des Unbeschwerten herüber. Aus dem wilden, fast unzugänglichen Waldgebirge wurde eine lebens- und liebenswerte Landschaft.

Im Schwarzwald finden wir noch zahlreiche steinerne Zeitzeugen, von zerfallenden Ruinen, stattlichen Klöstern bis zu prunkvollen Herrensitzen und Schlössern. Staunend steht der aufgeklärte Mensch unserer modernen Zeit vor den sagenumwobenen, romantischen Mauern und malt sich in seiner Fantasie aus, wie wohl einst das Leben dahinter ausgesehen haben mag.

Ruine Hochburg bei Emmendingen

Klosterruine Hirsau
Im Jahr 830 ließ Bischof Noting von Vercelli die Reliquien des Heiligen Aurelius von Mailand nach Hirsau überführen und ein Kloster gründen, das später einmal zu den bedeutendsten im deutschsprachigen Raum zählen sollte. Unter Abt Wilhelm wurde es 1079 Zentrum der Hirsauer Reform, die eine völlige Unabhängigkeit von außen anstrebte und auch Laienbrüder im Kloster zuließ. Dieser vom französischen Benediktiner-Kloster Cluny ausgehende Gedanke verbreitete sich von Hirsau aus auf zahlreiche Klöster in Deutschland und Österreich.
1692 wurde das Kloster durch die Franzosen weitgehend zerstört und diente anschließend als Steinbruch. Dennoch kann man sich noch heute einen guten Eindruck von der ursprünglich riesigen Anlage machen.

Kloster Sankt Trudpert
Anfang des 7. Jahrhunderts soll der Legende nach hier am Fuße des Belchens der irische Mönch Trudpert erschlagen worden sein. Ihm zum Gedenken errichteten Mönche ein kleines Kloster, das später von den Benediktinern übernommen und nach Plänen von Peter Thumb im 18. Jahrhundert zu einer großartigen barocken Anlage ausgebaut wurde. Größter Kirchenschatz ist ein silbernes Vortragekreuz aus der zweiten Hälfte des 12. Jahrhunderts.

Kloster Sankt Blasien

Die größte und bedeutendste Abtei des Schwarzwalds liegt in Sankt Blasien im Tal des kleinen Flüsschens Alb. Im Jahr 870 nach den Regeln der Benediktiner gegründet, entwickelte sich das Kloster Sankt Blasien zu einem Zentrum der Klosterbewegung im 11. und 12. Jahrhundert. Die Blütezeit des Klosters lag im 18. Jahrhundert. Sankt Blasien erlangte großen Reichtum und eine ungeheure Machtfülle. Dies dokumentierte sich nun auch äußerlich im Neubau des Klosters in barockem Stil zu Anfang des 18. Jahrhunderts. Jedoch schon 1768 vernichtete ein Großbrand die neuen Klostergebäude. Der Wiederaufbau wurde vom französischen Architekten Michel d'Ixnard durchgeführt, der auch die riesige Kuppelkirche plante, die drittgrößte in Europa. Wiederum zerstörte ein Brand 1874 das sakrale Kunstwerk, sodass man 1911 erneut mit einem Wiederaufbau beginnen musste. 1969 schließlich wurde eine umfassende Restauration eingeleitet. Heute erstrahlt das Kloster Sankt Blasien wieder in altem Glanz und zählt zu den großen Sehenswürdigkeiten des Schwarzwalds.

Kuppel des Klosters Sankt Blasien
Einem Ebenbild des römischen Pantheons sollte die Kuppel der Klosterkirche von Sankt Blasien gleichen. So wollten es die Äbte des mächtigen Klosters. 20 korinthische Säulen tragen das Gebälk, auf dem die riesige Kuppel mit dem Fensterkranz ruht. Dezentes Weiß und Grau vermitteln einen Eindruck von Eleganz und Größe, farblich kontrastierend lediglich das ruhige Deckengemälde von Walter Georgi, das Nischenbild über dem Choreingang und die plastischen Kassetten, in Stuck ausgeführt.

Kloster Alpirsbach

Über 900 Jahre alt ist das ehemalige Benediktiner-Kloster, das mit seinem markanten roten Sandstein das Zentrum des Kinzig-Städtchens Alpirsbach beherrscht. Neben Schaffhausen gilt das Kloster Alpirsbach als das stilreinste Beispiel der Reformarchitektur der Hirsauer und cluniazensischen Schule.

Der spätgotische Kreuzgang stammt in seiner heutigen Form aus dem 15. Jahrhundert. Hier finden seit 1952 im Sommer die bekannten Kreuzgangkonzerte statt. Sie sind für die Freunde vollendeter Kammermusik ein faszinierendes Erlebnis in unvergleichlichem Ambiente.

Kloster Sankt Peter

Sankt Peter wurde 1093 als Hauskloster und Grablege der Zähringer Fürsten gegründet. Es schloss sich der Hirsauer Reform an und erlangte große kulturelle und wirtschaftliche Bedeutung. 1724 erhielt der berühmte Tiroler Baumeister Peter Thumb den Auftrag, die Klosterbauten neu zu gestalten. Prunkstück der Anlage wurde die Klosterbibliothek im Rokokostil, die Thumb 1752 vollendete.

Sankt Märgen
Nur wenige Kilometer vom berühmten Kloster Sankt Peter entfernt befindet sich der malerische Ort Sankt Märgen mit der ehemaligen Klosterkirche Maria Himmelfahrt. Die Kirche brannte 1907 vollständig ab, wurde aber wieder originalgetreu aufgebaut. Sehenswert vor allem die um 1100 in Lothringen entstandene Madonnenfigur, die beim Brand im Jahr 1907 gerettet werden konnte.

Burgruine Rötteln

Aus dem 12. Jahrhundert stammen die ältesten Teile der weitläufigen Burg in der Nähe von Lörrach. Die Markgrafen von Hachberg-Sausenberg bauten Rötteln zu Anfang des 15. Jahrhunderts zu einer der größten und stärksten Festungen im südwestdeutschen Raum aus. Jedoch nicht stark genug, um in den Erbfolgekriegen der überlegenen französischen Artillerie standzuhalten. 1678 wurde die Burg vollständig zerstört und erinnert seitdem als Ruine an ehemals glanzvolle Zeiten.

Schloss Ortenberg
Über dem Kinzigtal zwischen Offenburg und Gengenbach liegt auf einem kegelförmigen Rebhügel das romantische Schloss Ortenberg. Die ältesten Bauteile stammen aus der ersten Hälfte des 13. Jahrhunderts. Das Hauptgebäude wurde zwischen 1838 und 1843 im nostalgischen Stil der englischen Tudorgotik errichtet. Die Ähnlichkeit mit dem Schloss Hohenschwangau ist unverkennbar.

Die Pagodenburg zu Rastatt
In der leichtlebigen und sinnesfrohen Zeit zu Anfang des 18. Jahrhunderts übertrafen sich die deutschen Territorialfürsten mit Schloss- und Prachtbauten aller Art. Ob nützlich oder nicht – Hauptsache, man konnte anderen damit imponieren. In diesem Sinne ließ die Markgräfin Sibylla Augusta 1722 auf einem Hochplateau über der Murg ein kleines Lustschloss erbauen, das sich ziemlich genau an das gleichnamige Vorbild im Nymphenburger Park bei München anlehnte. Zusammen mit dem großen Barockschloss, dem Schloss Favorite und weiteren markgräflichen Bauten, entstand ein Ensemble, das Rastatt den Beinamen »Kleines Versailles« eintrug.

Schloss Bürgeln

Die Äbte von Sankt Blasien hatten zeitweise gewisse Schwierigkeiten, zwischen den geistlichen und weltlichen Dingen zu unterscheiden. Jedenfalls lebten sie in der Blütezeit des Klosters im 18. Jahrhundert äußerst fürstlich und luxuriös. So ließen sie 1726 auf dem Gelände der ehemaligen Probstei auf dem Bürgeln bei Schliengen ein elegantes Rokokoschloss erbauen, auf dem sie ihre Gäste bewirteten und diese mit dem herrlichen Ausblick auf das Markgräfler Land beeindruckten.

Metzgerei

Residenzen, freie Reichsstädte, Handelszentren

Obwohl die Franzosen den Badenern im 17. Jahrhundert übel mitspielten, fast alle Burgen und Schlösser sowie viele Städte im Land zerstörten, war dies den badischen Markgrafen gar nicht so ganz unrecht. Jetzt hatten sie nämlich einen Anlass, ihre zu eng gewordenen Residenzen neu aufzubauen. Groß und prächtig mussten die neuen Schlösser sein, eingebettet in einen weitläufigen Park. So hatten sie es in Versailles beim Sonnenkönig gesehen und so wollten sie es auch haben.

Den Anfang machte Markgraf Ludwig Wilhelm, der »Türkenlouis«, mit dem neuen Schloss in Rastatt. 1705 verlegte er seine Residenz von Baden-Baden hierher. 1715 begann sein Vetter, der Markgraf Karl Wilhelm, mit dem Bau der Stadt und des Schlosses Karlsruhe, nachdem sein seitheriger Sitz Durlach zerstört worden war. Das Gebiet des heutigen Karlsruhes lag damals noch mitten im schwer zugänglichen Hardtwald. Sternförmig strahlen die Straßen und Alleen Karlsruhes vom zentralen Punkt des Schlosses aus.

Viel älter, ja sogar die älteste Stadt im Schwarzwald überhaupt, ist das vieltürmige Rottweil. Schon die Römer hatten hier mehrere Kastelle erbaut und die Siedlung erhielt römisches Stadtrecht. Von 1463 bis 1802 gehörte Rottweil als freie Reichsstadt zur Eidgenossenschaft. Aus dieser Zeit stammen auch die charakteristischen, wunderschönen Erker der Häuser im Zentrum der Stadt.

Viele Stadtgründungen im Schwarzwald verdanken wir dem Fürstengeschlecht der Zähringer. So unter anderem Villingen, das 1120 gegründet wurde und die typischen Merkmale der Zähringer Stadtplanung zeigt: Kreuzweise angelegte Straßen enden an markanten Stadttoren. Auch Freiburg wurde 1120 nach diesem Prinzip erbaut. Günstig am Handelsweg von Schwaben nach Burgund liegend und durch einen lukrativen Silberbergbau reich geworden, entwickelte sich Freiburg zu einer der schönsten Städte Südwestdeutschlands.

Am 1. Januar 1972 vereinigte sich das badische Villingen mit dem württembergischen Schwenningen, der Stadt, die »stets mit der Zeit ging«, was auf die einstmals beherrschende Uhrenindustrie anspielt. Die Vereinigung war eine bemerkenswerte kommunalpolitische Tat, denn trotz des gemeinsamen Bundeslandes gibt es bis heute zwischen den Badenern und Württembergern eine gewisse Rivalität. Man toleriert sich, aber man liebt sich nicht.

Calw an der Nagold, die Geburtsstadt Hermann Hesses, war vom 16. bis 18. Jahrhundert das reiche Zentrum der Tuchmacher und Färber. Dieser Epoche verdankt die Stadt ihre prachtvollen Fachwerkhäuser. Pforzheim ist bis heute Deutschlands Goldstadt Nummer eins, Offenburg eine bedeutende Druck- und Verlagsstadt.

Bemalte Hauserker in Rottweil

Freiburger Münster

Viel und gern zitiert wird Jacob Burckhardts Wort vom »schönsten Turm der Christenheit«. Die Freiburger setzen sich dabei nicht dem Verdacht des Lokalpatriotismus oder des Eigenlobs aus, denn Jacob Burckhardt (1818–1897) war Schweizer und wusste als Kultur- und Kunsthistoriker, von was er sprach. Das Freiburger Münster ist eines der großartigsten gotischen Meisterwerke in Deutschland. Drei Jahrhunderte lang, von 1200 bis 1513, wurde an ihm gearbeitet. Aber nicht nur der filigrane Turm ist beeindruckend, auch die Kirche selbst und ihre wertvolle Ausstattung sind sehenswert. Wer gut zu Fuß ist und eine besondere sportliche Übung absolvieren will, der steige die 328 Stufen bis in die Turmspitze zur Wächterstube und dem Glockenstuhl empor. Hier kann er die alte, 100 Zentner schwere, dumpf klingende Glocke »Hosanna« aus dem Jahr 1258 bestaunen und natürlich auch die herrliche Aussicht über Freiburg und seine Umgebung genießen.

Freiburg – Altstadt mit Schwabentor

Im frühen 13. Jahrhundert wurde das Schwabentor als Bestandteil der Stadtmauer von Freiburg errichtet. Wer von Osten kommend in die Stadt wollte, musste durch dieses Tor. Auf der Stadtseite des Tors ist ein Kaufmann mit seinem Pferdegespann zu sehen. Er soll einen reichen schwäbischen Handelsherren darstellen, dem Freiburg so gut gefiel, dass er es kaufen wollte. Also belud er seinen Karren mit Säcken voller Geld, um den Kauf zu tätigen. Die Sache ging jedoch schief, da die Frau des Kaufmanns das Geld in den Säcken heimlich durch gewöhnlichen Sand ersetzte, um ihren Mann vor einer Fehlspekulation zu bewahren. Durch das Schwabentor kommt man in die heimelige Altstadt von Freiburg, geprägt durch eine über 400-jährige Zugehörigkeit zum Hause Habsburg. Hier reihen sich Geschäfte an Geschäfte, Boutiquen an Boutiquen und Kneipen an Kneipen. Man kann mit einem Bein auf dem Trottoir, mit dem anderen in einem der »Bächle«, den winzigen Wasserkanälen, in denen das Regenwasser abfließt, wandern. Hier kommt der ganze Charme und die Lebendigkeit der Stadt zum Vorschein.

Das alte Kaufhaus in Freiburg
Das Freiburger Münster ist zweifellos der sakrale Höhepunkt der an Baudenkmälern so reichen Stadt. Der schönste profane Bau aber dürfte das alte Kaufhaus an der Südseite des Münsterplatzes sein. Schon sein auffallendes Rot zieht die Aufmerksamkeit der Besucher auf sich. Mit seinen Erkern, Türmchen und dem Stufengiebel dokumentiert das 1532 fertig gestellte Haus den Wohlstand und den Einfluss der Stadt und seiner Kaufleute. Ursprünglich war im alten Kaufhaus die Zoll- und Finanzverwaltung untergebracht. In der offenen Halle hinter den Arkaden wurde fleißig Handel getrieben. Dass Freiburg mehr als 400 Jahre zu Österreich gehörte, ist noch heute am alten Kaufhaus abzulesen: an Erkern und Fassaden prangt der österreichische Doppeladler und stehen die Statuen verschiedener Habsburger Kaiser.

Calw an der Nagold
Im Überschwang heimatlicher Gefühle schrieb der große Sohn Calws, Hermann Hesse, einmal:
»Die schönste Stadt von allen aber, die ich kenne, ist Calw an der Nagold.« Dabei war der 1877 in Calw geborene Hesse durchaus ein Mann, der weit herumgekommen ist.
Es gab Zeiten, da war Calw die reichste Stadt in ganz Württemberg. Äußerst geschäftstüchtige Kaufleute arbeiteten hier. Die legendäre »Zeughandels-Compagnie« handelte mit Tüchern, Holz, Salz und hatte eine monopolartige Stellung. Von den alten Bauten ist wenig übrig geblieben, denn zwei große Brände suchten die Stadt heim. Die kleine Nikolauskapelle auf der Nagoldbrücke, zu Ehren der Flößer um 1400 erbaut, ist aber fast unbeschädigt erhalten geblieben.
Im 17. und 18. Jahrhundert wurde Calw nach alten Plänen mit seinen schönen Fachwerk-Giebelhäusern wieder aufgebaut und zeigt sich heute dem Besucher als ein hübsches und lebhaftes Städtchen mit engen Gässchen und malerischen Winkeln.

Freudenstadt

Am 22. März 1599 unterzeichnete Herzog Friedrich I. von Württemberg die Gründungsurkunde für die Stadt Freudenstadt. Hier, im Westen seines »Ländles«, wurde im Forbach- und Christophstal Silber abgebaut. Hauptsächlich protestantische Immigranten aus Österreich, Bayern und Slowenien arbeiteten in den Silberstollen. Ihnen wollte der Herzog eine Heimat im »förchtig wilden Wald« schaffen, sich selber aber auch eine Residenz. Denn was der Landbaumeister Heinrich Schickhardt plante, war keineswegs eine Bergarbeiterstadt, sondern ein ehrgeiziges Projekt mit einem riesigen quadratisch angelegten Platz, auf dem ein Schloss, umgeben von Rathaus, rechtwinklig eingepasster Kirche und Arkadenhäusern stehen sollte.
Die Silberstollen brachten leider nicht den erwarteten Ertrag, sodass es mit dem Bau des teuren Schlosses nichts wurde. Und so leben die Freudenstädter heute um ihren schönen Marktplatz herum, der immer das Gefühl vermittelt, ein wenig zu groß geraten zu sein.

Am Obertor in Villingen

In weihnachtlicher Stimmung präsentiert sich hier das historische Villingen am Obertor. Die erstmals 817 erwähnte Stadt hat eine wechselvolle Geschichte aufzuweisen. Schon im Jahr 999 erhielt sie durch Kaiser Otto III. das Markt-, Münz- und Zollrecht. Dann folgte eine Periode von fast 500 Jahren, in der Villingen vorderösterreichische Stadt im Besitz der Habsburger war.
Im 19. und 20. Jahrhundert prosperierten Handwerk, Handel und Industrie. 1937 wurde Villingen Kneippkurort, 1972 schließlich vereinigte man sich im Zuge der Gemeindereform mit der Nachbarstadt Schwenningen. Das heutige Villingen-Schwenningen hat über 80 000 Einwohner und ist ein kulturelles und wirtschaftliches Zentrum im mittleren Schwarzwald.

Karlsruhe

Karlsruhe, das Tor zum Schwarzwald, ist eine jener Städte des 18. Jahrhunderts, die komplett auf dem Reißbrett entstanden. Markgraf Karl Ludwig von Baden-Durlach soll im Traum die Vision einer prächtigen Residenzstadt mitten im Wald gehabt haben, die ihm als »Karlsruhe« vorschwebte. Die wahren Gründe dürften aber viel weniger romantisch gewesen sein: Im Jahr 1689 zerstörten die Franzosen seine seitherige Residenz Durlach, also musste eine neue her. Da ihm Durlach ohnehin zu klein geworden war, ließ er die neue Stadt Karlsruhe mit einem Schloss im Mittelpunkt und davon ausgehend 32 schnurgeraden, fächerförmig angeordneten Straßen planen. Nach Süden sollte sich die Stadt ausdehnen, nach Norden ein riesiger Park. Am 17. Juni 1715 legte Karl Ludwig den Grundstein zum Bau des achteckigen Schlossturms, zwei Jahre später übersiedelte er von Durlach in seine neue Residenz.

Heute hat Badens Landeshauptstadt knapp 270 000 Einwohner und ist Sitz der höchsten deutschen Gerichtsbarkeit. Im markgräflichen Schloss ist ein Museum mit umfangreichen Sammlungen aus der gesamten europäischen Kunst- und Kulturgeschichte untergebracht, darunter auch die äußerst wertvollen Beutestücke des Markgrafen Ludwig Wilhelm.

Schloss Favorite in Rastatt
Was dem Markgrafen Karl Wilhelm mit Karlsruhe recht war, war seinem Vetter, Markgraf Ludwig Wilhelm, schon zehn Jahre vorher billig: 1705 zog er von Baden-Baden in das neuerbaute großartige Residenzschloss Rastatt um. Als erfolgreicher Feldmarschall hatte er gegen die Türken gekämpft, was ihm Ruhm, Ehre, Reichtum und den Beinamen »Türkenlouis« einbrachte.
1707 starb Ludwig Wilhelm. Bald danach erweiterte seine Witwe, Markgräfin Sibylla Augusta, das an Versailles erinnernde Rastatter Schlösserensemble mit dem Bau des Lustschlosses Favorite.
Das Kleinod der barocken Schlossbauten am Oberrhein ist vollständig erhalten geblieben beziehungsweise wurde in den Originalzustand renoviert. Sehenswert ist in dem heute der Öffentlichkeit zugänglichen Schloss vor allem die prächtige Sammlung an Keramik, Porzellan und Fayencen, Schätze von unermesslichem Wert.

HYDRO-IONEN-BRUNNEN
SOLARIEN

Heilende Quellen in gesunder Luft

Die alten Römer entdeckten sie zuerst: die heißen und heilenden Quellen aus dem vulkanischen Untergrund des Schwarzwalds. Schon um 80 n. Chr. wussten sie den gesundheitsfördernden Wert des aus dem Boden quellenden, dampfenden Wassers im Tal der Oos zu schätzen. Aquae nannten sie diesen Ort, an dem dann im 3. Jahrhundert Kaiser Caracalla eine weitläufige Therme anlegen ließ. Wahrscheinlich war er auch der erste prominente Kurgast des später weltberühmten Baden-Badens.

Ebenfalls römischen Ursprungs ist Badenweiler im schönen Markgräfler Land. Als man 1784 eine überwucherte Mauer abtragen wollte, stellte man fest, dass diese zu den Resten einer römischen Badeanlage aus dem 1. Jahrhundert n. Chr. gehörte. Sorgfältig legte man die antike Therme frei, sodass sich die Besucher Badenweilers heute einen kleinen Eindruck vom Badeleben in frühchristlicher Zeit machen können.

Das nach Baden-Baden am meisten frequentierte Heilbad des Schwarzwalds ist Wildbad. Die Entdeckung seines Heilwassers wird der Legende nach einem verwundeten Eber zugeschrieben, der seine Wunden in das warme Wasser einer Quelle an der Enz tauchte. Das dürfte etwa um 1200 n. Chr. gewesen sein. Bekannt wurde Wildbad aber vor allem durch den württembergischen Grafen Eberhard der Greiner. Auch er schätzte die Heilwirkung der Quelle, die er am 30. Dezember 1345 erwarb. Bei einem Badeaufenthalt des Greiners im Jahr 1367 wurde er von den rivalisierenden Herren von Eberstein überfallen, konnte sich aber in letzter Minute auf die Burg Zavelstein retten. Ludwig Uhland setzte mit seiner Ballade *Überfall in Wildbad* diesem Vorfall und damit Wildbad ein literarisches Denkmal.

Ebenfalls einem verwundeten Tier, in diesem Fall einem Hirsch, verdankt Bad Teinach die Entdeckung seiner Heilquelle. Bald entstanden um die Hirschquelle ausgedehnte Badeanlagen. Im 17. und 18. Jahrhundert war Teinach das Lieblingsbad der württembergischen Herzöge, 1835 wird es sogar zum königlichen Bad erhoben.

Andere Bäder des Schwarzwalds und seiner Randgebiete sind jüngeren Ursprungs. Möglicherweise suchte man nach Erdöl, fand aber in Bad Bellingen und Bad Krozingen nicht das flüssige schwarze Gold der Erde, dafür sehr wirksame Thermalquellen, die beiden Orten zur Entwicklung von bedeutenden Heilbädern verhalfen.

Weitere beliebte und vielbesuchte Kurbäder im Schwarzwald sind Bad Dürrheim, Bad Liebenzell, Bad Herrenalb und Bad Rippoldsau. Sie alle haben zusammen mit den zahlreichen Luftkurorten des Schwarzwalds einen entscheidenden Anteil am stärksten wirtschaftlichen Faktor der Region, dem Fremdenverkehr, auf den mittlerweile jede zweite Übernachtung im Bundesland Baden-Württemberg entfällt.

Graf-Eberhard-Bad in Wildbad

Maurische Halle in Bad Wildbad

Schon im 14. Jahrhundert war Wildbad als Heilbad bekannt. Viele prominente Gäste sah der Ort im Schwarzwaldtal an der Großen Enz. Den Anfang machte Graf Eberhard der Greiner, nach dem das im 19. Jahrhundert gebaute neue, mondäne Bad benannt wurde. Fürsten und Adlige aus ganz Europa gaben sich ein Stelldichein in Wildbad, wo schon früher so bekannte Leute wie Franz von Sickingen und Ulrich von Hutten Erholung und Entspannung suchten. Von 1847 stammen die Fürstenbäder und die wunderschöne maurische Halle. Als »Palais Thermal« gehören diese Badeanlagen zu den schönsten in Europa.

Am Kurhaus von Baden-Baden
Das klassizistische Kurhaus von Baden-Baden wurde 1824 fertig gestellt. In der Mitte des 19. Jahrhunderts ließ Edouard Bénazet die Theaterräume im Nordflügel des Hauses durch mehrere prunkvolle Spielsäle ersetzen. Die Anziehungskraft des Casinos schien nunmehr unwiderstehlich, das Geld ergoss sich in Strömen über die Stadt. Dass auch in Baden-Baden die Bäume nicht mehr in den Himmel wachsen, weiß man seit den Gesundheitsreformen der letzten Jahre. Und mit dem neuen Festspielhaus haben sich die Baden-Badener arg weit aus dem Fenster gelehnt, angetrieben von der Überzeugungskraft einiger außerbadischer Visionäre, die jetzt darüber sinnieren dürfen, dass Visionen vielleicht auch kurzsichtig sein können.

Blick auf Baden-Baden
Aus der luxuriösen Therme der Römer ist längst ein mondänes Weltbad geworden. Großen Anteil am Aufschwung Baden-Badens hatten die Franzosen. Als im Dezember 1831 die Pariser Spielbanken geschlossen wurden, entdeckten begüterte Franzosen und der europäische Hochadel Baden-Baden als geeigneten Ersatz für ihre Spielleidenschaft und das lockere Leben. Darunter war auch die Familie Bénazet, die die Entwicklung Baden-Badens erheblich beeinflusste. Jacques Bénazet übernahm 1838 die Leitung der Spielbank und setzte sich für den Ausbau der Stadt ein. Sein Sohn Edouard ließ das Theater und die Rennbahn in Iffezheim bauen. Trinkhalle, Altes Dampfbad, Friedrichsbad und Kurhaus profitierten vom Geld der Spieler.
Immer wenn es im Sommer in Paris zu heiß wurde, machten die Franzosen Baden-Baden zur »Vorstadt« der Seine-Metropole. Die verschiedenen kriegerischen Auseinandersetzungen beider Länder unterbrachen diesen Trend, inzwischen aber schätzen unsere Nachbarn wieder das angenehme Klima an der Oos.

Kurzentrum Bad Teinach-Zavelstein

Die Heilquelle von Bad Teinach, in einem kleinen Seitental der Nagold gelegen, wurde der Sage nach durch einen Hirsch entdeckt. Im 17. und 18. Jahrhundert war Teinach das Lieblingsbad der württembergischen Herzöge. Hier, in der ruhigen Gegend mit der von Tannenduft gewürzten Luft, konnten sie sich prächtig erholen. Drohte Gefahr durch missliebige Zeitgenossen, so zog man sich einfach auf die auf einer Felsnase über dem Ort liegende Burg Zavelstein zurück. Diese wurde 1692 zerstört und thront heute als Ruine über dem Badeort. Der Beliebtheit bei den Landesherren tat dies keinen Abbruch. Im Jahr 1770 zum Beispiel reiste der damalige Herzog Carl Eugen mit einem Gefolge von nicht weniger als 326 Personen zur Kur nach Bad Teinach. Im 19. Jahrhundert entstanden nach Plänen des berühmten Baumeisters des Klassizismus, Friedrich Thouret, Badehaus, Trinkhalle und Bad-Hotel. Diese Bauten prägen noch immer das Bild des Heilbades, auch wenn sie von dem 1983 eröffneten modernen Kurzentrum mit Mineraltherme etwas in den Hintergrund gedrängt wurden.

Im Kurpark von Bad Liebenzell
Das beschauliche Heilbad an der Nagold, zugleich Luftkurort, zeichnet sich durch ein mildes Reizklima und eine hohe durchschnittliche Sonnenscheindauer aus. Das »Wildbade in Liebenzell« wird 1403 erstmals erwähnt. Der Ort selbst hatte seinen Anfang im 10. Jahrhundert, als hier das Kloster Hirsau eine kleine Zelle für Nonnen einrichtete, daraus leitet sich auch der Name der Stadt ab. Der bekannte Hohenheimer Arzt Paracelsus besuchte 1526 Liebenzell. Er erkannte schon früh die günstige Wirkung von Mineralien auf den menschlichen Körper.
Die Bad Liebenzeller haben daher ihr modernes Thermalbad nach diesem Arzt und Naturforscher benannt. Bad Liebenzell verfügt über alle Einrichtungen und Anwendungen, die der Kurgast heute erwartet. Besonders schön und erholsam ist der ausgedehnte Kurpark entlang der Nagold.

Therme in Badenweiler
Lichtdurchflutet und in erfrischendem Blau präsentiert sich das 1982 fertig gestellte Thermal-Hallenschwimmbad in Badenweiler. Schon 75 n. Chr. unterhielten die Römer hier eine Therme, die jedoch nach den Alemannen-Einfällen in Vergessenheit geriet. 1784 wurden die Überreste zufällig entdeckt. Die Markgrafen von Baden förderten nun Badenweiler nach Kräften und es entstand ein sehr beliebtes Heilbad, das den schwäbischen Dichter Justinus Kerner zu dem Ausspruch bewegte: »ein Stück Italien auf deutschem Grund«.
1972 entstand das neue Kurhaus, das sich in vier Terrassen an den Burgberg mit der Ruine der Zähringerburg schmiegt. Die moderne Architektur des Kurhauses mit der Wiesen-, Promenaden- und Burgterrasse sowie dem Musengeschoss bettet sich durchaus harmonisch in die schöne Landschaft ein.

Zum
kleinen
Meyerhof

Schwarzwälder Gastlichkeit

Wo Wein wächst, wird gut gegessen. Diese Regel gilt zunächst sicher einmal für die Randgebiete am Schwarzwald, den Kaiserstuhl, die Ortenau oder das Markgräfler Land. Natürlich ganz allgemein für die fruchtbare Rheinebene mit dem kulinarischen Einfluss des benachbarten Frankreichs. Hier hat sich in langer Tradition die Küche Badens als die wohl beste in Deutschland entwickelt.

Etwas anders sah das noch bis vor wenigen Jahrzehnten in den Tälern des Schwarzwalds und seinen gebirgigen Höhen aus. Das karge Land und die durch die Realteilung meist kleinen Höfe ließen ein Leben in Saus und Braus gar nicht zu. Beim Essen und Trinken musste man sich auf schlichte, hauptsächlich nahrhafte Kost beschränken. Die ländliche Küche im Schwarzwald ist im Grunde bodenständig-bescheiden. Die Wirtsfamilien der einfachen Dorfgasthöfe mit den einschlägigen Namen »Adler«, »Ochsen«, »Löwen«, »Lamm«, »Wilder Mann« oder »Grüner Baum« waren im Nebenberuf Bauersleute oder umgekehrt. Da konnte es einem Durchreisenden schon mal passieren, dass er nach der Speisekarte fragte und die Antwort erhielt: »Mir habet heut' Schweinebraten mit Spätzle und Salat.« Etwas anderes gab es nicht, aber dieses Einheitsessen für Wirtsfamilie und Gast schmeckte vorzüglich.

Der sich im 20. Jahrhundert immer stärker entwickelnde Fremdenverkehr brachte entscheidende Veränderungen mit sich. Auch im hintersten Schwarzwaldtal begriff man, dass mit der Beherbergung von Gästen ein weit angenehmeres Leben zu führen ist, als mit der harten Arbeit auf dem Bauernhof. Pensionen, Gasthöfe und Hotels schossen aus dem Boden. Der Konkurrenzdruck zwang die Vermieter und Hoteliers zu Hochleistungen in Gastfreundschaft und Gastronomie. Heute findet der anspruchsvolle Feriengast im Schwarzwald vom einfachen, gemütlichen Gasthof bis zum teuren Luxushotel alles, was sein Herz begehrt und was er zu zahlen bereit ist. Und nirgends in Deutschland gibt es auf so engem Raum so viele sternbekrönte Köche.

Die einst bodenständige Küche des Schwarzwalds hat sich zweifellos zu internationalem Niveau aufgeschwungen. Das heißt aber nicht, dass der Kenner auf den berühmten kernigen Schwarzwälder Speck oder den herzhaften Zwiebelkuchen, den sie hier Zwiebelbärte nennen, verzichten müsste. Auch die Forellen aus den klaren, heimischen Waldbächen werden fast überall angeboten. Exzellenter Spargel kommt aus der Rheinebene unterhalb der Schwarzwaldhänge, ebenso der von der Sonne verwöhnte badische Wein. Nicht zu vergessen natürlich die herrlichen Kirschen, Birnen und Zwetschgen, die in der Region gedeihen und die Grundlage für die weitgerühmten Schwarzwälder Edelbrände sind, aber auch bei Desserts und Kuchen Verwendung finden. Zu besonderem Ruhm hat es die Schwarzwälder Kirschtorte gebracht.

Gasthausschild in der Freiburger Rathausgasse

Gasthof »Löwen« in Breitnau
Schwarzwälder Gastlichkeit und Romantik vereinigen sich in diesem Bild vom Gasthof »Löwen« in Breitnau. Der beliebte Luftkurort liegt auf einem sonnigen Hochplateau in 800 bis 1200 Meter Höhe über dem Höllental und der wilden Ravenna-Schlucht. Er lockt im Sommer die Wanderer, im Winter die Skilangläufer. Und kann es etwas Schöneres geben, als nach einem kalten und sonnigen Wintertag in frischer Schwarzwaldluft Leib und Seele in einem der gemütlichen Gasthöfe zu stärken?

Wirtshausschilder

Kunstvoll geschmiedete Wirtshausschilder findet man überall im Schwarzwald. Sie laden nicht nur seit jeher den Gast zur Einkehr, sondern waren ihrem Ursprung nach das Symbol für einen besonderen Rechtsstatus. So hatte der »Schildwirt« das Privileg, Gäste zu beherbergen, sie zu verköstigen und sein Gewerbe hauptberuflich auszuüben. Die Rechte der Schank- oder Straußenwirte dagegen waren wesentlich bescheidener. Schildwirte waren oft recht wohlhabende Leute, was sie in ihren prächtig gestalteten Wirtshausschildern auch gerne zum Ausdruck brachten. Schöne Beispiele sehen wir hier mit den Schildern der »Post« in Nagold und dem »Rößle« in Rottweil.

Hotel zur Post
Kl. und K. Fr. Scholl

HOTEL RAPPEN
WEINSTUBEN
GANTER

Am Münsterplatz in Freiburg
Zum Flair einer gastfreundlichen Stadt gehören natürlich die Straßencafés. Es ist ein ganz besonderes Vergnügen, an einem schönen Sommertag gemütlich bei Kaffee und Kuchen oder einem Glas Wein zu sitzen, zu sehen und gesehen zu werden.

Weinbergterrassen am Kaiserstuhl

Schwäbische oder badische Gastlichkeit ohne Wein ist undenkbar. Im Süden des Schwarzwalds haben die Wirte die Weinberge praktisch direkt vor ihrer Haustüre: Zwischen der Rheinebene und Freiburg erhebt sich ein kleines Vulkangebirge, auf dem sich vor Urzeiten Sand und Staub aus dem Voralpengebiet ablagerten und eine bis zu 30 Meter hohe Lössschicht bildeten – ideale Voraussetzungen für die Rebe. Hinzu kommt ein fast mediterranes Klima, sodass es nicht verwundert, wenn hier am Kaiserstuhl auf jedem Quadratmeter Wein angebaut wird. Doch der Kaiserstuhl sieht nicht mehr so aus, wie ihn der Lauf der Zeit in Jahrmillionen geformt hat. Mitte der 70er-Jahre wurde diese einzigartige Kulturlandschaft in einer gigantischen Aktion terrassiert, um größere zusammenhängende Weinberge zu schaffen. Durch diesen brutalen Eingriff in die Natur wurden zwar die unrentablen, durch die Realteilung entstandenen Kleinstweinberge bereinigt, aber nicht alle Winzer am Kaiserstuhl sind unbedingt glücklich mit dieser Veränderung.

Schnapsbrennerei in Sasbachwalden
Schon immer haben es die Schwarzwälder verstanden, aus dem Obst ihrer Heimat ausgezeichnete Edelbrände herzustellen. Die Kunst des Brennens wurde von Generation zu Generation vererbt. Östlich von Achern liegt das Blumen- und Weindorf Sasbachwalden, das vor einigen Jahren zum schönsten Dorf Deutschlands gekürt wurde. Hier kann der Feriengast in »Rudolfs Teufelsküch'« die hohe Kunst der Schnapsbrennerei hautnah miterleben und natürlich auch die Ergebnisse des aufregenden Tuns probieren.

Feste feiern, wie sie fallen

Rund 18 Millionen Übernachtungen verbucht der Schwarzwald im Jahr. Nach den drastischen Rückgängen Mitte der 90er-Jahre zeigt die Tendenz wieder erfreulich steil nach oben. Diese große Zahl an Gästen will nicht nur angenehm wohnen und schlafen, gut essen und trinken, sie will auch unterhalten sein. Was eignet sich dazu besser, als das alte Brauchtum und die traditionellen Feste?

Die Referenz an die Touristen ist aber nur die eine Seite. Die andere ist die tiefe Verwurzelung, die der Schwarzwälder für seine Heimat empfindet. Gewisse Werte, die er von den Eltern und Großeltern übernommen hat, sind ihm heilig. Mit manchmal konservativer Beharrlichkeit hängt er am Alten und Bewährten. Zudem ist der Schwarzwälder, vor allem im badischen Teil, Festen und Feiern keineswegs abgeneigt. Wenn an dieser Geselligkeit auch der Feriengast teilhaben kann, so ist sicher beiden Seiten gedient.

Ein herausragendes Ereignis ist zweifellos die schwäbisch-alemannische Fasnacht mit der Hochburg Rottweil. Aber auch in anderen Orten wie Wolfach, Elzach oder Offenburg wird dieser ehemals heidnische Brauch mit Hingabe gefeiert. Tausende Zuschauer zieht alljährlich die Schramberger »Da-Bach-na-Fahrt« mit ihren fantasievollen Wassergefährten an.

An historisch bedeutende Begebenheiten erinnern die Aufführungen zum »Hornberger Schießen« oder die »Waldshuter Chilbi«. Eine lange Tradition hat der Wildberger Schäferlauf. Unübersehbar die vielen Wein-, Dorf- und Heimatfeste. Zahlreich die Freilichtaufführungen und Bauerntheater, alle unterhaltsam, gelegentlich von hohem künstlerischem Rang.

Mit Liebe und Hingabe werden landauf, landab die alten Trachten gehegt und gepflegt und bei diversen Anlässen zur Freude der Gäste vorgeführt. Nicht zu vergessen natürlich die religiösen Feste zu Fronleichnam mit den herrlichen Blumenteppichen, zum Erntedank oder zur Kirchweihe.

Für die Fremdenverkehrsmanager sind all diese Feste und Veranstaltungen natürlich tragende Elemente in ihren Marketingkonzepten. So umwirbt zum Beispiel Karlsruhe, das Tor zum Schwarzwald, Interessierte mit der Aufforderung: »Auf nach Karlsruhe, wo einst die Tulpenmädchen den badischen Markgrafen erfreuten und heute noch für die Bürger tanzen, die hier ausgiebig zu feiern verstehen, schon deshalb, weil bei ihnen in Karlsruhe die Sonne intensiver scheint als anderswo in der Republik.«

Narrensprung in Rottweil

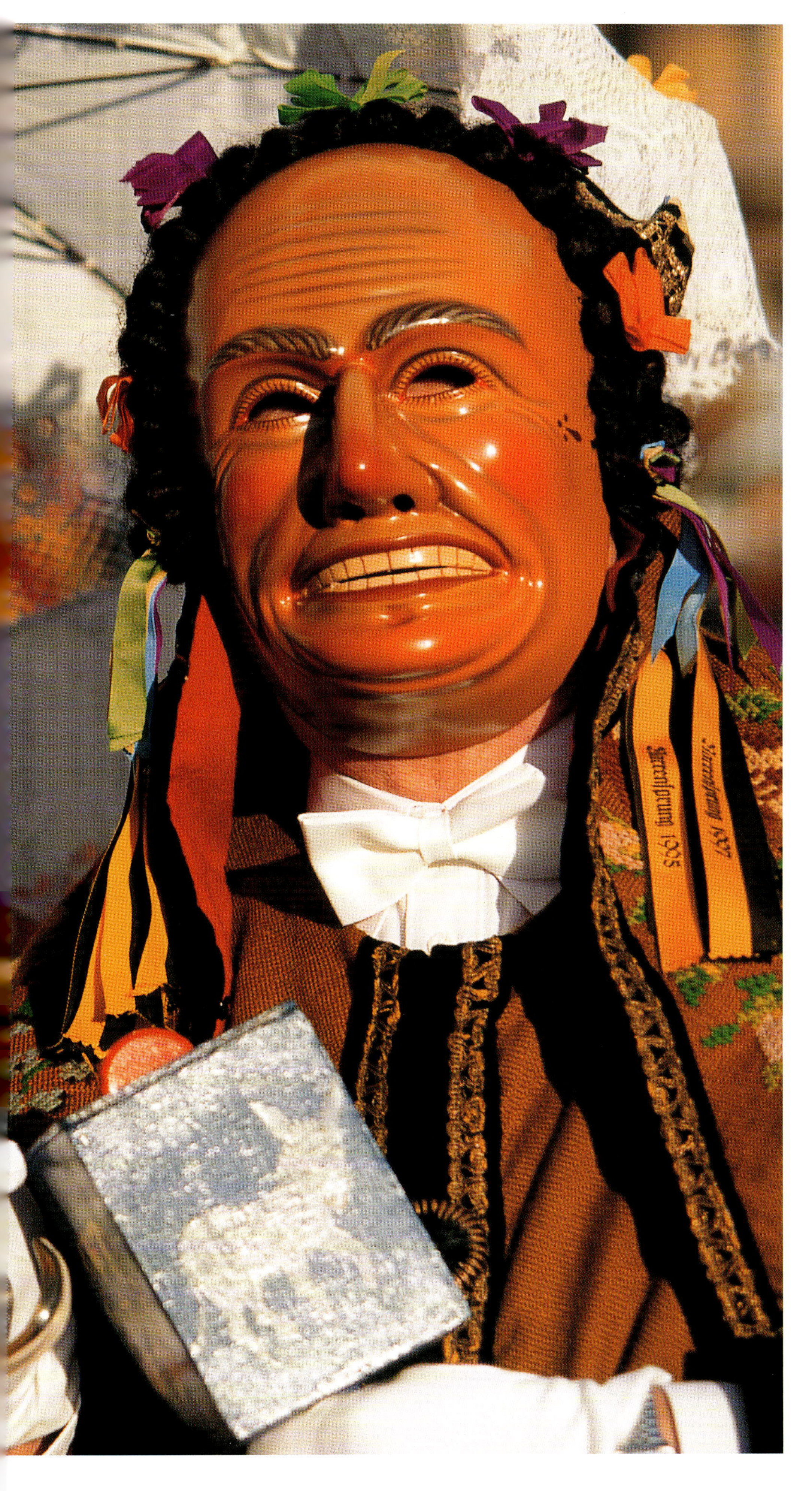

Rottweiler Masken

Kunstvoll geschnitzte Holzlarven und aufwändig gestaltete Gewänder kennzeichnen die berühmte Rottweiler Fasnet. Die Hauptfiguren sind das »Fransenkleidle«, der »Schantle«, der »Gschellnarr«, der »Federahannes«, der »Guller« und das »Brieler-Rößle«. Vom »Schmotzigen Dunstig«, dem Donnerstag vor Fasnacht, bis zum Fasnachtsdienstag steht ganz Rottweil im Bann dieses schwäbisch-alemannischen Brauchtums. Zitieren wir dazu Karl Lamprecht, der als Rottweiler Zunftschreiber 1975 notierte: »In Rottweil wurde weder die Fasnet erfunden, noch kommen die kleinen Rottweiler mit einem ›Juzger‹ zur Welt, wie einige Spottdrosseln zu behaupten wagen. Wahr ist nur, daß in der alten Reichsstadt eine der größten und schönsten Volksfasnachten im europäischen Fasnetraum gefeiert wird. Die Fasnetfreudigkeit der Rottweiler muß ein Geburtsfehler der liebenswertesten Art sein, da die Reichsstädter während des Jahres eher von untertemperierter Mentalität sind. Auch ihre Stadt, mit den hochfahrenden, erkergeschmückten Häuserzeilen, die Behäbigkeit durch Strenge ersetzen, zeigt dem Betrachter kein närrisches Bild.«

Schuddige aus Elzach

Typisch für diese Elzacher Fasnachtsfigur ist das rote Schuppenkleid mit weißem Schal, dazu ein dreispitziger Strohhut, der mit Schneckenhäuschen und dicken roten Bollen besetzt ist. Der seltsame Name »Schuddig« kommt vom Schurtag, dem Tag, an dem früher Straßen, Gassen und Höfe gereinigt wurden und die Burschen dabei die Umstehenden bespritzten, »schurten«.

Fasnacht in Schramberg

Ein origineller Fasnachtsbrauch wird in Schramberg gepflegt: die »Da-Bach-na-Fahrt«. Ursprünglich ein Fasnachtsscherz der Schiltach-Flößer, wurde diese Gaudi 1936 wiederbelebt und wird seit 1951 in großem Stil von der Gilde der »Da-Bach-na-Fahrer« und der Narrenzunft Schramberg organisiert. Pünktlich um 13 Uhr am Fasnetsmontag »fahren« die Narren mit ihren Zubern und Bottichen, die unglaublich fantasievoll ausgestaltet sind, die Schiltach hinunter. Mehr als 30 000 Zuschauer säumen die Ufer. Wer es schafft, mit seinem unsicheren Gefährt das Ziel trocken zu erreichen, erntet keineswegs die Anerkennung der Schaulustigen, die natürlich viel lieber die »Da-Bach-na-Fahrer« durchnässt sehen wollen.

Hexensabbat in Waldkirch
In der Drehorgelstadt unterhalb des Kandels wird die schwäbisch-alemannische Fasnacht besonders intensiv gefeiert. Schon 1450 wurde in Waldkirch ein fasnachtliches Treiben erwähnt.
Die Kandelhexen, die auf unserem Bild ihr Unwesen treiben, sind allerdings erst 1976 entstanden. Sie passen so richtig in die Gegend, denn der Kandel galt schon immer als der Hexenberg des Schwarzwalds.

Trachtenfest in Simonswald
Der schwäbische Dichter Wilhelm Hauff teilte in seinem Schwarzwaldroman *Das kalte Herz* die Bewohner des Schwarzwalds in zwei Teile, die sich untereinander durch ihre Trachten und Sitten unterscheiden. Und er stellte fest, dass sich im badischen Schwarzwald die Menschen am schönsten kleideten.
Viele Ferienorte im Schwarzwald pflegen die traditionellen Trachten als Ausdruck ihrer Kultur und ihres Brauchtums. Sie bekunden damit einerseits ihre Heimatverbundenheit, zum anderen dienen die Trachten natürlich aber auch der Unterhaltung der Urlaubsgäste.

Schäferlauf in Wildberg

Seit dem 13. Jahrhundert ist in Wildberg die Schäferei zu Hause. Bis 1828 befand sich hier sogar eine Gerichtslade der württembergischen Schäferzunft. Auch heute noch fühlen sich die Schäfer und ihre Tiere auf den Wiesen rund um den Luftkurort wohl. Seit 1723 feiern die Wildberger alle zwei Jahre ihren traditionellen Schäferlauf. Er ist damit das älteste Volksfest im Nordschwarzwald und mittlerweile ein ausgesprochener Publikumsmagnet für Zuschauer aus nah und fern geworden.

Blaskapelle in Wildberg
Volks- und Blasmusik hatte im Schwarzwald schon immer einen hohen Stellenwert. Selbstverständlich darf eine zünftige Blasmusik bei keinem der vielen Feste im Schwarzwald fehlen.

Burgfestspiele Rötteln

Freilichtspiele in frischer Luft können sehr reizvoll sein, zumal wenn sie vor historischer Kulisse spielen und der Sommerabend lau und trocken ist. In der mächtigen Ruine des ehemaligen Schlosses Rötteln der Markgrafen von Hachberg-Sausenberg bei Lörrach finden jedes Jahr im Sommer die vielbesuchten Burgfestspiele statt. Man hat sich anspruchsvollen Stücken verschrieben, wie zum Beispiel Molières *Der Geizige*.

Schlossfestspiele Ettlingen

Ein großartiges Ambiente für die alljährlich stattfindenden Festspiele bietet das Barockschloss der Markgräfin Sibylla Augusta. Das prächtige Portal mit barockem Balkon und die aufwändige Architekturmalerei der Südfront des Schlosses sind ein eindrucksvoller Rahmen für die Aufführung von Musicals und Revuen.

Das »Hornberger Schießen«
Weniger ernsthaft geht es auf der Freilichtbühne im Storenwald zu, wenn die Hornberger sich selbst ein wenig auf die Schippe nehmen und ihr bekanntes »Hornberger Schießen« vorführen. Als im Jahr 1564 der Herzog von Württemberg seinen Besuch in Hornberg ankündigte, überlegte man krampfhaft, wie man den hohen Herrn würdig und eindrucksvoll empfangen könnte. Man entschloss sich, einen Salut zu schießen, wie es der Herzog aus Stuttgart noch nicht gehört hatte. Alle Kanonen wurden geputzt und mit der Hälfte des vorhandenen Pulvers ein Probesalut geschossen. Alles klappte bestens. Als der große Tag gekommen war, näherte sich eine Staubwolke der Stadt. Das musste der Herzog sein. Die Kanonen donnerten ohrenbetäubend, die Menschen brachen in Jubel aus. Als sich der Staub und der Pulverdampf verzogen hatten, sahen die Hornberger, dass sich nur eine Postkutsche und eine Rinderherde der Stadt genähert hatten. Als der hohe Herr etwas später dann tatsächlich eintraf, hatten die Hornberger ihr Pulver verschossen.

Bildnachweis

H.-J. Arndt 42
W. Dieterich 37, 60, 92, 98/99
C. Emmler 4, 6, 8, 9 unten, 10/11, 12/13, 14/15, 16, 17, 18/19, 20, 21, 24, 25, 26, 27, 28, 30/31, 33, 35, 40, 41 unten, 43, 44/45, 46, 50, 51, 56/57, 58, 59, 61, 62/63, 65, 67, 70, 72/73, 77, 82, 84, 85, 94/95, 100, 101, 102, 104/105, 106, 107, 108/109, 110/111, 112, 113, 114, 115, 116/117, Titelbild
E. Hehl 29, 34, 41 oben, 48, 49, 52, 74/75, 76, 78/79
W. Klammet 9 oben, 32, 36, 38, 54/55, 64, 66, 71, 80/81, 86/87, 97
B. Kottal 22, 88
Kur- und Touristik GmbH Badenweiler 90/91
Kurverwaltung Bad Liebenzell GmbH 89
Tourist-Information Rottweil 68, 96

Impressum

D-74653 Künzelsau

Projektleitung:
Rudolf Werk

Konzeption:
Christoph Werk

Printed in Germany

ISBN: 3-89222-608-3